Nossa Senhora
Aparecida

Ir. Maria Belém, fsp

Nossa Senhora Aparecida

História e novena

Citações bíblicas: Bíblia Sagrada – tradução da CNBB, 2001

Direção-geral: *Flávia Reginatto*
Editora responsável: *Marina Mendonça*
Gerente de produção: *Felício Calegaro Neto*
Produção de arte: *Tiago Filu*

8ª edição – 2011
7ª reimpressão – 2022

Nenhuma parte desta obra poderá ser reproduzida ou transmitida por qualquer forma e/ou quaisquer meios (eletrônico ou mecânico, incluindo fotocópia e gravação) ou arquivada em qualquer sistema ou banco de dados sem permissão escrita da Editora. Direitos reservados.

Paulinas
Rua Dona Inácia Uchoa, 62
04110-020 – São Paulo – SP (Brasil)
Tel.: (11) 2125-3500
http://www.paulinas.com.br – editora@paulinas.com.br
Telemarketing e SAC: 0800-7010081
© Pia Sociedade Filhas de São Paulo – São Paulo, 2002

*Aos romeiros anônimos,
cuja fé a Senhora Aparecida conhece.*

Introdução

Oculto a Nossa Senhora Aparecida é uma das devoções mais queridas ao coração dos brasileiros. Sua história surge no meio de um povo de pescadores, humildes e marginalizados.

Era o tempo do Brasil colônia, quando nossa terra dependia de Portugal e tinha aqui seus representantes, governadores gerais. São Paulo e Minas Gerais formavam uma só província. Corria o ano de 1717, quando esta recebeu um novo governador que seria homenageado com um banquete, em que não poderia faltar o peixe da região. A pescaria, contudo, não estava fácil, pois a ganância em explorar os mananciais dos rios para extrair ouro e pedras preciosas havia afastado os peixes.

Durante a pescaria forçada e sem sucesso, os pescadores, já cansados pelas tentativas frustradas, apanharam em sua rede, primeiramente, o corpo de uma santa e, depois, a cabeça. Logo após terem encontrado a imagem, a pescaria foi abundante. Enquanto os peixes eram levados para a mesa dos ricos, os pobres ficaram com a santa e a colocaram em um oratório na casa de um dos pescadores. Mais tarde, foi erguida uma capela em sua honra e, em 1745, construída uma igreja que, em 1888, foi chamada de basílica.

A expansão do culto de Nossa Senhora Aparecida e o número cada vez mais elevado de devotos, exigiram um templo maior. Conservando a antiga basílica, foi construída uma outra igreja de proporções gigantescas, que foi consagrada pelo Papa São João Paulo II, em 4 de julho de 1980, e elevada a Santuário Nacional de Nossa Senhora da Conceição Aparecida. É a maior catedral do mundo e a segunda basílica em extensão – 143 mil m² – menor apenas que a Basílica de São Pedro, em Roma.

Hoje, o Santuário Nacional de Nossa Senhora Aparecida, Padroeira e Rainha do Brasil, é visitado por milhões de romeiros e devotos, que aí encontram não apenas o coração de uma Mãe, mas também um espaço que lhes proporciona acolhimento total.

PRIMEIRO DIA

Pesca milagrosa

Com a vinda do novo governador de São Paulo e Minas Gerais, o Conde de Assumar, coube à Câmara de Guaratinguetá dar-lhe hospedagem e recepcioná-lo com um banquete que incluía no cardápio peixes da região.

Apesar das dificuldades, três pescadores encarregaram-se da tarefa. Eram eles: Domingos Garcia, João Alves e Felipe Pedroso, que percorreram todo o rio Paraíba em busca de peixes. Desanimados com o insucesso, mas temendo também as represálias das autoridades, pela última vez lançaram a rede junto ao porto de Itaguaçu. Aconteceu, então, um fato inesperado: em vez de peixe, veio dentro da rede o corpo de uma estatueta. Curiosos, lançaram novamente a rede que, desta vez, trouxe-lhes a cabeça. Logo perceberam que se tratava da imagem de uma santa. Sentindo algo misterioso e divino, lançaram a rede, ainda mais animados, e esta voltou carregada de belos peixes.

– Milagre! – foi a exclamação geral.

Milagre da santa que eles haviam acolhido com grande respeito, acreditaram todos.

Oração

Senhor, sabemos que vós não abandonais vossos filhos quando, com fé e confiança, eles vos pedem algo, conforme Jesus prometeu no Evangelho: "Pedi e vos será dado! Procurai e encontrareis!" (Mt 7,7a).

Pai-Nosso, Ave-Maria e Glória.

Cantos à escolha no final.

Oração final

Ó incomparável Senhora da Conceição Aparecida, Mãe de Deus, Rainha dos anjos, Advogada dos pecadores, Refúgio e Consoladora dos aflitos e atribulados, ó Virgem Santíssima, cheia de graça e bondade, lançai sobre nós um olhar favorável para que sejamos socorridos em todas as necessidades em que nos encontramos.

Lembrai-vos, ó Clementíssima Mãe Aparecida, que nunca se ouviu dizer que algum daqueles que têm recorrido a vós, invocado vosso santíssimo nome e implorado vossa singular proteção, fosse por vós abandonado. Animados com esta confiança, a vós recorremos, tomando-vos de hoje para sempre por nossa Mãe, nossa protetora, consolação e guia, esperança e luz na hora da morte.

Senhora, livrai-nos de tudo o que vos possa ofender e a vosso santíssimo Filho, nosso Redentor e nosso Senhor Jesus Cristo. Virgem bendita, preservai-nos de todos os perigos da alma e do corpo; dirigi-nos em todos os nossos atos espirituais e temporais.

Soberana Senhora, livrai-nos da tentação do pecado e de todos os males que nos ameaçam, para que, trilhando o caminho da virtude, possamos, um dia, ver-vos e amar-vos na eterna glória por todos os séculos dos séculos. Amém.[1]

---

[1] Alves, J. *Os santos de cada dia*. São Paulo, Paulinas, 1989.

SEGUNDO DIA
O milagre das velas

Como em todas as noites de sábado, o grupo de devotos estava reunido para a reza do terço, diante de Nossa Senhora Aparecida, na casa de Atanásio, filho de Felipe Pedroso. Antes de entrar, tiveram uma breve discussão sobre a imagem ser ou não da Virgem Maria.

A noite estava serena e sem aragem. Iniciado o terço, com a participação fervorosa dos presentes, em dado momento as velas começaram a se apagar, deixando todos na escuridão. Dona Silvana, que presidia a oração, pediu calma e levantou-se para acender novamente as velas. Deu alguns passos e eis que as velas se acenderam sozinhas. O espanto foi geral e os que ainda não acreditavam plenamente começaram a pedir perdão à Senhora Aparecida.

Oração

Senhora Aparecida, vós sois a estrela que nos ilumina e nos guia na noite escura. Concedei que tenhamos os olhos e o coração sempre abertos para perceber a luz de Deus em nossa vida e a fé de acolhê-la com amor.

Pai-Nosso, Ave-Maria e Glória.

Cantos à escolha no final.

Oração final

Ó incomparável Senhora da Conceição Aparecida, Mãe de Deus, Rainha dos anjos, Advogada dos pecadores, Refúgio e Consoladora dos aflitos e atribulados, ó Virgem Santíssima, cheia de graça e bondade, lançai sobre nós um olhar favorável para que sejamos socorridos em todas as necessidades em que nos encontramos.

Lembrai-vos, ó Clementíssima Mãe Aparecida, que nunca se ouviu dizer que algum daqueles que têm recorrido a vós, invocado vosso santíssimo nome e implorado vossa singular proteção, fosse por vós abandonado. Animados com esta confiança, a vós recorremos, tomando-vos de hoje para sempre por nossa Mãe, nossa protetora, consolação e guia, esperança e luz na hora da morte.

Senhora, livrai-nos de tudo o que vos possa ofender e a vosso santíssimo Filho, nosso Redentor e nosso Senhor Jesus Cristo. Virgem bendita, preservai-nos de todos os perigos da alma e do corpo; dirigi-nos em todos os nossos atos espirituais e temporais.

Soberana Senhora, livrai-nos da tentação do pecado e de todos os males que nos ameaçam, para que, trilhando o caminho da virtude, possamos, um dia, ver-vos e amar-vos na eterna glória por todos os séculos dos séculos. Amém.

TERCEIRO DIA

Nossa Senhora liberta um escravo

É atribuída a Nossa Senhora Aparecida a libertação de um escravo negro, nos idos de 1790, quando na região aumentaram os engenhos de cana-de-açúcar.

O escravo, a quem alguns deram o nome de Zacarias, não aguentando mais os maus tratos, tentou fugir e conseguir a liberdade. Perseguido pelos capitães do mato e por cachorros, escondeu-se em uma gruta, mas foi encontrado e acorrentado. Quando passava pela capela da Senhora Aparecida, em altos brados, pediu que ela tivesse pena dele. Nesse instante, as correntes que prendiam seus braços se partiram e caíram no chão, deixando-o livre. As numerosas pessoas que os seguiam, tomadas de espanto, gritaram espontaneamente: Milagre! Milagre! Milagre!

As correntes desse escravo, atesta o povo, encontram-se ainda hoje entre os ex-votos na sala dos milagres do Santuário de Aparecida.

Oração

Senhora Aparecida, libertai-nos de toda escravidão, especialmente da escravidão da injustiça, da ganância e da violência. Fazei-nos viver na solidariedade e no amor, frutos da verdadeira liberdade dos filhos de Deus.

Pai-Nosso, Ave-Maria e Glória.
Cantos à escolha no final.

Oração final

Ó incomparável Senhora da Conceição Aparecida, Mãe de Deus, Rainha dos anjos, Advogada dos pecadores, Refúgio e Consoladora dos aflitos e atribulados, ó Virgem Santíssima, cheia de graça e bondade, lançai sobre nós um olhar favorável para que sejamos socorridos em todas as necessidades em que nos encontramos.

Lembrai-vos, ó Clementíssima Mãe Aparecida, que nunca se ouviu dizer que algum daqueles que têm recorrido a vós, invocado vosso santíssimo nome e implorado vossa singular proteção, fosse por vós abandonado. Animados com esta confiança, a vós recorremos, tomando-vos de hoje para sempre por nossa Mãe, nossa protetora, consolação e guia, esperança e luz na hora da morte.

Senhora, livrai-nos de tudo o que vos possa ofender e a vosso santíssimo Filho, nosso Redentor e nosso Senhor Jesus Cristo. Virgem bendita, preservai-nos de todos os perigos da alma e do corpo; dirigi-nos em todos os nossos atos espirituais e temporais.

Soberana Senhora, livrai-nos da tentação do pecado e de todos os males que nos ameaçam, para que, trilhando o caminho da virtude, possamos, um dia, ver-vos e amar-vos na eterna glória por todos os séculos dos séculos. Amém.

QUARTO DIA

Mãos postas

Ao encontrarem na rede o corpo da imagem e, a seguir, a cabeça que encaixava tão bem, os três pescadores foram tomados de grande respeito e veneração. Eles sentiram a mística da imagem da Imaculada Conceição, moldada há tempos, conforme uma crença popular, pelo monge beneditino Frei Agostinho de Jesus. Poderiam devolvê-la ao rio. Descobriram naquelas mãos postas, contudo, no olhar compassivo, na sua pequenez, toda a grandeza e a bondade da Mãe de Deus que vinha até eles. E em um gesto de fervorosa confiança, rezaram juntos: "Ó minha Nossa Senhora Aparecida, valei-me na vida e na hora da morte!".

Oração

Senhora Aparecida, Virgem das mãos postas e do sorriso compassivo, intercedei por nós junto ao vosso Filho Jesus, para que não falte a ninguém o pão de cada dia nem a paz e a harmonia, sobretudo nos lares brasileiros.

Pai-Nosso, Ave-Maria e Glória.

Cantos à escolha no final.

Oração final

Ó incomparável Senhora da Conceição Aparecida, Mãe de Deus, Rainha dos anjos, Advogada dos pecadores, Refúgio e Consoladora dos aflitos e atribulados, ó Virgem Santíssima, cheia de graça e bondade, lançai sobre nós um olhar favorável para que sejamos socorridos em todas as necessidades em que nos encontramos.

Lembrai-vos, ó Clementíssima Mãe Aparecida, que nunca se ouviu dizer que algum daqueles que têm recorrido a vós, invocado vosso santíssimo nome e implorado vossa singular proteção, fosse por vós abandonado. Animados com esta confiança, a vós recorremos, tomando-vos de hoje para sempre por nossa Mãe, nossa protetora, consolação e guia, esperança e luz na hora da morte.

Senhora, livrai-nos de tudo o que vos possa ofender e a vosso santíssimo Filho, nosso Redentor e nosso Senhor Jesus Cristo. Virgem bendita, preservai-nos de todos os perigos da alma e do corpo; dirigi-nos em todos os nossos atos espirituais e temporais.

Soberana Senhora, livrai-nos da tentação do pecado e de todos os males que nos ameaçam, para que, trilhando o caminho da virtude, possamos, um dia, ver-vos e amar-vos na eterna glória por todos os séculos dos séculos. Amém.

QUINTO DIA

A devoção a Nossa Senhora Aparecida

Os primeiros devotos da Virgem Aparecida foram os três pescadores: Domingos Garcia, João Alves e Felipe Pedroso. Com grande respeito e veneração, levaram a imagem para casa, guardando-a sempre em lugar seguro. A devoção começou singelamente com a reza do terço seguida pela ladainha, todos os sábados, conforme costume antigo dos devotos da Virgem Santíssima. A novidade era a estranha imagem venerada, o crescente afluxo de fiéis e os numerosos milagres ocorridos.

A reza, realizada na casa dos pescadores, mais tarde passou a ser feita num oratório construído no porto de Itaguaçu, local de passagem de muitos viajantes de Minas

Gerais e São Paulo. Assim, a devoção foi se espalhando, os romeiros aumentando e as capelas em honra de Nossa Senhora Aparecida foram sendo construídas, cada vez em lugares mais distantes.

Oração

Senhora Aparecida, olhai com bondade para vossos filhos aqui reunidos, diante de vosso altar, e concedei-nos muita saúde, alegria, paz e a graça que agora vos pedimos (pausa para o pedido da graça, em silêncio).

Pai-Nosso, Ave-Maria e Glória.

Cantos à escolha no final.

Oração final

Ó incomparável Senhora da Conceição Aparecida, Mãe de Deus, Rainha dos anjos, Advogada dos pecadores, Refúgio e Consoladora dos aflitos e atribulados, ó

Virgem Santíssima, cheia de graça e bondade, lançai sobre nós um olhar favorável para que sejamos socorridos em todas as necessidades em que nos encontramos.

Lembrai-vos, ó Clementíssima Mãe Aparecida, que nunca se ouviu dizer que algum daqueles que têm recorrido a vós, invocado vosso santíssimo nome e implorado vossa singular proteção, fosse por vós abandonado. Animados com esta confiança, a vós recorremos, tomando-vos de hoje para sempre por nossa Mãe, nossa protetora, consolação e guia, esperança e luz na hora da morte.

Senhora, livrai-nos de tudo o que vos possa ofender e a vosso santíssimo Filho, nosso Redentor e nosso Senhor Jesus Cristo. Virgem bendita, preservai-nos de todos os perigos da alma e do corpo; dirigi-nos em todos os nossos atos espirituais e temporais.

Soberana Senhora, livrai-nos da tentação do pecado e de todos os males que nos ameaçam, para que, trilhando o caminho da virtude, possamos, um dia, ver-vos e amar-vos na eterna glória por todos os séculos dos séculos. Amém.

SEXTO DIA

As romarias

Desde os primeiros tempos em que a devoção a Nossa Senhora Aparecida se espalhou, começaram as romarias e peregrinações ao seu altar. A primeira grande romaria aconteceu no dia 8 de setembro de 1900, quando chegaram 1.200 peregrinos da cidade de São Paulo. Dessa época até os dias atuais, tem sempre aumentado o número de devotos que visitam, em caravanas, a casa da Mãe Aparecida, especialmente em datas importantes.

A Virgem Aparecida se faz também peregrina. Sua imagem é levada com frequência aos diversos Estados do Brasil. A primeira foi realizada em 1931, ao Rio de Janeiro; a segunda, a São Paulo, em 1942, e, desde então, não parou mais.

Oração

Senhora Aparecida, gostamos de visitar-vos em vosso Santuário! Abençoai todas as romarias, as pessoas que vos visitam com fé, e, sobretudo, abençoai o peregrinar de nossa vida.

Pai-Nosso, Ave-Maria e Glória
Cantos à escolha no final.

Oração final

Ó incomparável Senhora da Conceição Aparecida, Mãe de Deus, Rainha dos anjos, Advogada dos pecadores, Refúgio e Consoladora dos aflitos e atribulados, ó Virgem Santíssima, cheia de graça e bondade, lançai sobre nós um olhar favorável para que sejamos socorridos em todas as necessidades em que nos encontramos.

Lembrai-vos, ó Clementíssima Mãe Aparecida, que nunca se ouviu dizer que algum daqueles que têm recorrido a vós, invocado vosso santíssimo nome e implorado vossa singular proteção, fosse por vós abandonado. Animados com esta confiança, a vós recorremos, tomando-vos de hoje para sempre por nossa Mãe, nossa protetora, consolação e guia, esperança e luz na hora da morte.

Senhora, livrai-nos de tudo o que vos possa ofender e a vosso santíssimo Filho, nosso Redentor e nosso Senhor Jesus Cristo. Virgem bendita, preservai-nos de todos os perigos da alma e do corpo; dirigi-nos em todos os nossos atos espirituais e temporais.

Soberana Senhora, livrai-nos da tentação do pecado e de todos os males que nos ameaçam, para que, trilhando o caminho da virtude, possamos, um dia, ver-vos e amar-vos na eterna glória por todos os séculos dos séculos. Amém.

SÉTIMO DIA

Promessas e ex-votos

É comovente ver um devoto, andando de joelhos até o Santuário, diante do altar da Senhora Aparecida. Esse é um tipo comum de promessa, mas existem muitos outros, como acender velas, vestir-se igual algum santo, fazer a peregrinação, confessar-se e comungar, reconciliar-se com alguém. Em razão dessa fé, a sala dos milagres do Santuário está repleta de ex-votos, objetos que ilustram a promessa feita e a graça alcançada.

Oração

Senhora Aparecida, valei-nos nas dificuldades, curai nossas enfermidades, especialmente as injustiças e o nosso egoísmo.

Pai-Nosso, Ave-Maria e Glória.
Cantos à escolha no final.

Oração final

Ó incomparável Senhora da Conceição Aparecida, Mãe de Deus, Rainha dos anjos, Advogada dos pecadores, Refúgio e Consoladora dos aflitos e atribulados, ó Virgem Santíssima, cheia de graça e bondade, lançai sobre nós um olhar favorável para que sejamos socorridos em todas as necessidades em que nos encontramos.

Lembrai-vos, ó Clementíssima Mãe Aparecida, que nunca se ouviu dizer que algum daqueles que têm recorrido a vós, invocado vosso santíssimo nome e implorado vossa singular proteção, fosse por vós abandonado. Animados com esta confiança, a vós recorremos, tomando-vos de hoje para sempre por nossa Mãe, nossa protetora, consolação e guia, esperança e luz na hora da morte.

Senhora, livrai-nos de tudo o que vos possa ofender e a vosso santíssimo Filho, nosso Redentor e nosso Senhor Jesus Cristo. Virgem bendita, preservai-nos de todos os perigos da alma e do corpo; dirigi-nos em todos os nossos atos espirituais e temporais.

Soberana Senhora, livrai-nos da tentação do pecado e de todos os males que nos ameaçam, para que, trilhando o caminho da virtude, possamos, um dia, ver-vos e amar-vos na eterna glória por todos os séculos dos séculos. Amém.

OITAVO DIA

A nova basílica e a passarela

A primeira basílica construída no outeiro tornara-se pequena. A Mãe precisava de uma casa maior para acolher todos os seus filhos. Ergueu-se, então, outra grande basílica, hoje a Basílica Santuário Nacional de Nossa Senhora Aparecida, Padroeira e Rainha do Brasil. Neste novo templo, pode-se acolher de 45 a 70 mil pessoas. O Papa São João Paulo II consagrou a nova Basílica em julho de 1980, quando visitou Aparecida.

Antes ainda, foi inaugurada uma passarela de concreto armado que une as duas basílicas, chamada desde seu primeiro dia de "Passarela da fé".

Oração

Senhora Aparecida, o vosso Santuário é grande como o vosso coração. Nele cabem todos os vossos filhos! Concedei-nos, também, um coração grande para acolher e amar todas as pessoas, sem distinção de raça, crença ou cor.

Pai-Nosso, Ave-Maria e Glória.

Cantos à escolha no final.

Oração final

Ó incomparável Senhora da Conceição Aparecida, Mãe de Deus, Rainha dos anjos, Advogada dos pecadores, Refúgio e Consoladora dos aflitos e atribulados, ó Virgem Santíssima, cheia de graça e bondade, lançai sobre nós um olhar favorável para que sejamos socorridos em todas as necessidades em que nos encontramos.

Lembrai-vos, ó Clementíssima Mãe Aparecida, que nunca se ouviu dizer que algum daqueles que têm recorrido a vós, invocado vosso santíssimo nome e implorado vossa singular proteção, fosse por vós abandonado. Animados com esta confiança, a vós recorremos, tomando-vos de hoje para sempre por nossa Mãe, nossa protetora, consolação e guia, esperança e luz na hora da morte.

Senhora, livrai-nos de tudo o que vos possa ofender e a vosso santíssimo Filho, nosso Redentor e nosso Senhor Jesus Cristo. Virgem bendita, preservai-nos de todos os perigos da alma e do corpo; dirigi-nos em todos os nossos atos espirituais e temporais.

Soberana Senhora, livrai-nos da tentação do pecado e de todos os males que nos ameaçam, para que, trilhando o caminho da virtude, possamos, um dia, ver-vos e amar-vos na eterna glória por todos os séculos dos séculos. Amém.

Consagração a Nossa Senhora Aparecida[2]

Ó Maria Santíssima, que em vossa imagem de Aparecida espalhais inúmeros benefícios sobre todo o Brasil, eu, N..., embora indigno de pertencer ao número dos vossos servos, mas cheio do desejo de participar dos benefícios de vossa misericórdia, prostrado a vossos pés, consagro-vos o meu entendimento, para que sempre pense no amor que mereceis; consagro-vos minha língua, para que sempre vos louve e propague a vossa devoção; consagro-vos o meu coração, para que, depois de Deus, vos ame sobre todas as coisas.

Recebei-nos, ó Rainha incomparável, no ditoso número de vossos servos; acolhei-nos debaixo de vossa proteção; socorrei-nos em

---

[2] Missionários Redentoristas. *Manual do devoto de Nossa Senhora Aparecida*. Aparecida, Santuário, 1996, p.122.

todas as nossas necessidades espirituais e temporais. Abençoai-nos, ó Mãe celestial, e com vossa poderosa intercessão, fortalecei-nos em nossa fraqueza, a fim de que, servindo-vos fielmente nesta vida, possamos louvar-vos, amar-vos e dar-vos graças no céu, por toda a eternidade. Assim seja.

NONO DIA

Mensagem

Ao som do afinado carrilhão de seis sinos da antiga basílica de Nossa Senhora Aparecida, ouçamos a mensagem de Maria a todos nós: "Fazei tudo o que ele (Jesus) vos disser!" (Jo 2,5). É a Mãe fazendo-nos ouvir o maior mandamento de seu Filho: "Amai-vos uns aos outros, assim como eu vos amei" (Jo 15,12).

Oração

Senhora Aparecida, nós vos agradecemos por nos ter dado Jesus, o Filho de Deus, e com ele as graças que necessitamos para viver como bons cristãos.

Pai-Nosso, Ave-Maria e Glória.

Canto: "Viva a Mãe de Deus e nossa", ao final.

Oração final

Ó incomparável Senhora da Conceição Aparecida, Mãe de Deus, Rainha dos anjos, Advogada dos pecadores, Refúgio e Consoladora dos aflitos e atribulados, ó Virgem Santíssima, cheia de graça e bondade, lançai sobre nós um olhar favorável para que sejamos socorridos em todas as necessidades em que nos encontramos.

Lembrai-vos, ó Clementíssima Mãe Aparecida, que nunca se ouviu dizer que algum daqueles que têm recorrido a vós, invocado vosso santíssimo nome e implorado vossa singular proteção, fosse por vós abandonado. Animados com esta confiança, a vós recorremos, tomando-vos de hoje para sempre por nossa Mãe, nossa protetora, consolação e guia, esperança e luz na hora da morte.

Senhora, livrai-nos de tudo o que vos possa ofender e a vosso santíssimo Filho, nosso Redentor e nosso Senhor Jesus Cristo. Virgem bendita, preservai-nos de todos os perigos da alma e do corpo; dirigi-nos em todos os nossos atos espirituais e temporais.

Soberana Senhora, livrai-nos da tentação do pecado e de todos os males que nos ameaçam, para que, trilhando o caminho da virtude, possamos, um dia, ver-vos e amar-vos na eterna glória por todos os séculos dos séculos. Amém

Renovação da consagração a Nossa Senhora Aparecida[3]

Senhora Aparecida, eu renovo neste momento a minha consagração. Eu vos consagro os meus trabalhos, sofrimentos e alegria; o meu corpo, a minha alma e toda a minha vida. Eu vos consagro a minha família.

---
[3] Idem, p. 123.

Ó Senhora Aparecida, livrai-nos de todo mal, das doenças e do pecado. Abençoai as nossas famílias, os doentes, as crianças. Abençoai a santa Igreja, o Papa e os bispos, os sacerdotes e ministros, os religiosos e leigos. Abençoai nossa paróquia e o nosso pároco.

Senhora Aparecida, lembrai-vos que sois a Padroeira poderosa de nossa pátria. Abençoai nossos governantes! Abençoai, protegei e salvai o vosso Brasil! E dai-nos a vossa bênção. Assim seja.

Cantos a Nossa Senhora Aparecida

Graças vos damos, Senhora
Fred Jorge
(*Aparição e milagres de N. S. Aparecida*. São Paulo, Prelúdio, 1954, pp. 60-61)

Graças vos damos, Senhora,
Virgem por Deus escolhida
Para Mãe do Redentor,
Ó Senhora Aparecida!

Louvemos sempre a Maria,
Mãe de Deus, autor da vida;
Louvemos com alegria
À Senhora Aparecida!

Seja pois sempre bendita
A Virgem esclarecida;
Mil louvores sejam dados
À Senhora Aparecida!

Se quisermos ser felizes
Nesta e na outra vida,

Sejamos sempre devotos
Da Senhora Aparecida!

Quando nos virmos cercados
Dos perigos desta vida,
É-nos remédio infalível
A Senhora Aparecida!

E na hora derradeira,
Ao sairmos desta vida,
Rogai a Deus por nós,
Virgem Mãe Aparecida!

Viva a Mãe de Deus e nossa
J. Vieira de Azevedo
(CD *Uma canção para a Padroeira*, Paulinas/COMEP)

Viva a Mãe de Deus e nossa
Sem pecado concebida,
Salve, Virgem Imaculada,
Ó Senhora Aparecida!

Aqui estão vossos devotos
Cheios de fé incendida,
De conforto e de esperança,
Ó Senhora Aparecida!

Virgem santa, Virgem bela,
Mãe amável, Mãe querida,
Amparai-nos, socorrei-nos,
Ó Senhora Aparecida!

Oh! Velai por nossos lares,
Pela infância desvalida,
Pelo povo brasileiro,
Ó Senhora Aparecida!

Lá no altar de Aparecida
Pe. Zezinho, scj
(CD *Romeiros de Aparecida* – Paulinas/COMEP)

Em procissão, em romaria,
Romeiro ruma para a casa de Maria
Em procissão, feliz da vida,
Romeiro vai buscar a paz de Aparecida.

E cada qual tem uma história pra contar,
E o coração de cada qual
Tem um motivo pra rezar.
Vem pra pedir, agradecer ou celebrar,
Ai, quem tem fé no infinito
Sabe aonde quer chegar.

Eu vim de carro, eu vim de trem,
Eu vim a pé, eu vim de perto,
eu vim de longe,
Eu vim sereno, eu vim com fé,
Que nem se eu fosse até o lar de Nazaré
Pra conversar com Jesus Cristo,
E com Maria e com José.

Caminhando com Maria
José Acácio Santana
(CD *Conceição Aparecida* – Paulinas/COMEP).

Santa Mãe Maria, nesta travessia,
Cubra-nos com teu manto cor de anil,
Guarda nossa vida, Mãe Aparecida,
Santa Padroeira do Brasil.

Ave, Maria! Ave, Maria!
Mulher peregrina, força feminina,
A mais importante que existiu.
Com justiça queres que nossas mulheres
Sejam construtoras do Brasil.

Com amor divino, guarda os peregrinos,
Nesta caminhada para o além!
Dá-lhes companhia, pois também um dia
Foste peregrina de Belém.

Com seus passos lentos,
enfrentando os ventos,
Quando sopram noutra direção;
Toda a Mãe Igreja pede que tu sejas
Companheira de libertação.

Imagem salva das águas
DR

Imagem salva das águas,
Como, outrora, foi Moisés,
Do abismo das nossas mágoas
Salva-nos tu, por quem és.

Virgem Santa Aparecida,
Da eterna glória onde estás,
Sê vida da nossa vida,
Não nos deixes, não, jamais!

Aos tristes, pobres, sem nome,
Sem lume, sem pão, sem lar
Vem prevenir-lhes a fome
Qual do Conde Assumar.

Na correnteza da vida,
No fremir dos escarcéus,

Tua estátua aparecida,
Trouxe-nos bênçãos dos céus.

É justo que se consagre
A ti, a Pátria gentil.
Faze, ó Mãe, este milagre:
Guarda teu, sempre, o Brasil![4]

---

[4] Vitor, Manoel. *História da devoção a Padroeira do Brasil: Nossa Senhora Aparecida*. São Paulo, Salesiana/Dom Bosco, 1985, pp. 62-63.